EXTRAIT

DE QUELQUES LETTRES

Adressées à la Classe de la Littérature ancienne
de l'Institut impérial,

PAR A. L. MILLIN

Pendant son Voyage d'Italie.

———

PARIS,

DE L'IMPRIMERIE DE J. B. SAJOU,

Rue de la Harpe, n.° 11.

1814.

Extrait du Magasin Encyclopédique , Numéro
de Mars 1814.

EXTRAIT

De quelques Lettres que M. MILLIN a adressées à la Classe de la littérature ancienne de l'Institut impérial, pendant son voyage d'Italie.

MESSIEURS ET CHERS CONFRÈRES,

Il y a bien longtemps que je suis privé du bonheur d'assister à vos séances et de votre docte entretien ; j'ai fait des voyages assez longs, des courses pénibles, ils devoient me présenter les moyens, ou du moins les occasions, de me rappeler quelquefois à votre souvenir ; mais j'ai toujours craint de vous adresser des récits qui ne fussent pas dignes de vous intéresser. Je veux pourtant rompre ce long silence, qui feroit à la fin soupçonner que je mets peu d'importance à entretenir mes relations avec la Classe à laquelle j'ai l'honneur d'appartenir. Ce soupçon seroit mal fondé, car une pareille indifférence seroit une noire ingratitude, puisque, si j'ai obtenu quelques facilités pour mes recherches, je les dois au bonheur que j'ai d'être votre confrère, et j'ai heureusement reconnu que c'est le titre le plus honorable que l'on puisse invoquer.

Un rapport général seroit pour moi, dans ce moment, une entreprise trop difficile ; sa longeur pourroit vous effrayer, sa lecture interrompre sans fruit de plus utiles travaux ; je me bornerai donc à vous adresser mon *Itinéraire* pour mettre la Classe au courant de ce que j'ai fait.

Les motifs de mon voyage en Italie, le but que je me propose ont été expliqués dans les deux premières Lettres que j'ai imprimées sur mon voyage de Paris à Lyon et à Chambéri (1), dont j'ai eu l'honneur d'adresser des exemplaires à la Classe. Je suis dispensé de revenir sur ce qu'elles contiennent ; c'est bien assez que de détourner votre attention des grands travaux qui vous sont soumis, je dois au moins éviter de la fatiguer.

La route de Chambéri à Turin m'a of-

(1) Voyez *Magasin Encyclopédique*, année 1811, t. 6, p. 95.

fert peu de choses qui puissent mériter votre attention. Vous connoissez tous l'arc de Suze; j'ai trouvé dans cette ville quelques monumens moins imposants, mais aussi moins connus, et dont j'ai les dessins : un autel de marbre blanc qui nous apprend le nom d'un des plus anciens sculpteurs français, qui est né à Lyon; un beau baptistère de marbre, entouré d'une inscription des bas temps, la statue de la princesse Adélaïde, plusieurs inscriptions qui n'ont point encore été recueillies. Une des pièces les plus curieuses est une lame de bronze partagée en trois parties, qui forment un triptyque ; les figures y sont profondément gravées, et en relief dans un creux, comme celles des bas - reliefs ægyptiens ; on pourroit croire que ces creux ont été niellés, ou remplis d'argent, comme ont été exécutées les ciselures des portes de S. Paul hors des murs à Rome; mais je n'en ai découvert aucune trace, et le travail est tout-à-fait semblable à celui des bas-reliefs ægyptiens, ainsi que je viens de vous l'exposer, et non à celui de la table Isiaque. Le sujet qui a fait consacrer ce monument a quelque chose de romanesque. Boniface Rotaire d'Asti étant allé à la Terre Sainte, y fut fait prisonnier; il fit vœu, s'il sortoit d'esclavage, de consacrer une chapelle à la Vierge, sur la pointe la plus élevée de la chaîne du *Mont Cenis* qu'on appelle *Roche Melon;* il y plaça aussi une image de Bronze. Cette chapelle attire encore un grand nombre de pélerins. La Madone est connue sous le nom de *Notre-Dame des Neiges.* Le chevalier déposa ensuite, dans la cathédrale de Suze, le précieux triptyque qu'on y conserve encore, il paroît accompagné de S. Joseph et de S. Second, protecteur d'Asti, afin qu'il restât, pour ceux qui ne peuvent s'élever si haut, un monument de sa piété.

J'ai visité l'ancien couvent de Bénédictins à la Novalaise; on y remarque des peintures très-curieuses et très-anciennes qui représentent l'histoire de la vie et des miracles de Saint Eldrade qui étoit un des abbés de ce monastère.

J'abuserois de l'attention de la Classe, si je parlois de quelques observations de différens genres que j'ai été à portée de faire dans ces montagnes, et de quelques villages qui sont dans la vallée, ou qui sont suspendus sur les rochers. J'espère avoir des dessins des peintures du monastère de S. Pierre à la Novalaise; j'y ai aussi remarqué quelques bas reliefs, et copié quelques inscriptions antiques.

Le chemin de Suze à Turin est très-court;

mais je voulois voir *la Sacra di San Michele*, monastère immense, bâti sur la cime d'une montagne qu'il faut gravir pendant une heure et demie, sans s'arrêter. Mais il faut avoir vu ce monastère et ses ornemens du moyen âge pour s'en faire une idée; l'escalier est bordé de sarcophages; les squelettes qu'ils renfermoient ont été dressés contre le mur; il y a sur les murs extérieurs des inscriptions romaines.

La ville de Turin est, comme vous le savez, une des plus belles et aussi des plus modernes de l'Italie. Les églises sont magnifiques; il est curieux d'y voir comment Guarini et Juvara ont altéré le goût de l'architecture, et même diminué la solidité des constructions. Ces détails vous sont trop connus, pour que j'aye besoin de les répéter. Je m'arrêtai dans cette ville plus que je ne l'avois pensé, pour examiner et faire dessiner les monumens qui sont sous le portique du palais de l'Académie, et copier les nombreuses inscriptions qui y ont été placées, depuis que Ricolvi et Rivautella ont publié le *Museum Taurinense*. J'ai recueilli, dans la Bibliothèque publique, des notices intéressantes. J'ai vu des cabinets particuliers de médailles, de gravures, etc. J'ai surtout recherché l'instruction dans les aimables entretiens de M. l'abbé de Caluso, de MM. de Balbi, Saluces, Vassali Eandi, Vernazza, Pullini, Incisa, etc. J'en ai emporté trente dessins de bas-reliefs et de monumens curieux, très-bien exécutés, et le plaisir d'avoir vu une réunion d'hommes distingués, tous animés du noble désir de servir leur patrie.

La saison s'avançoit; j'ai pensé que si je m'arrêtois dans le Milanais, la Toscane, etc., j'arriverois trop tard à Rome, à cause de l'influence du mauvais air, qui n'y est que trop sensible, et qui pouvoit être dangereuse pour moi si j'étois forcé d'y passer l'été. J'ai cru encore qu'il falloit accoutumer ses yeux à voir, en observant les merveilles que la métropole des arts renferme, avant de visiter le reste de l'Italie. J'étois aussi pressé, à cause du séjour que je voulois faire à Naples au printemps, et du désir que j'avois de visiter la grande Grèce. Je me rendis donc directement à Rome, où j'eus le bonheur d'arriver le 30 de novembre, la veille du couronnement de S. M. l'Empereur. J'eus l'avantage d'assister, dans Saint-Pierre, que je voyois pour la première fois, à l'auguste cérémonie du *Te Deum* qui y fut chanté, et de voir, dans la place Navone, les courses et les jeux populaires qui eurent lieu à cette occasion.

J'ai passé cette fois quatre mois à Rome, où je n'ai pas laissé écouler un jour sans continuer mes recherches et mes observations. Combien j'aimerai à témoigner, dans mon ouvrage, ma reconnoissance aux personnes qui ont eu pour moi de la bienveillance, et qui ont favorisé mes recherches!

J'arrivai à Rome à la fin de novembre 1811, et j'en suis parti pour Naples le 20 de mars 1812; je réserverai pour la fin de ce Rapport le résumé de mes travaux dans Rome, afin d'y réunir ce que j'y ai fait depuis mon retour.

A la réserve de quelques inscriptions que j'ai copiées à Mola di Gaete, je n'ai rien recueilli de nouveau, et d'inconnu aux autres voyageurs. Aussitôt après mon arrivée à Naples, j'ai été voir les collections de cette ville et ses édifices; j'ai pu remarquer combien elle renferme d'objets dignes d'être connus; mais il étoit défendu de rien dessiner; le Roi a bien voulu lever pour moi tous les obstacles : il m'a fait donner une permission générale. Après l'avoir obtenue, il m'a fallu chercher les hommes capables de bien exécuter les dessins que je désirois, et qui demandoient différens genres de talens; du moins j'ai reconnu que tous les artistes n'étoient pas propres à bien dessiner les mêmes

objets. Il a fallu les essayer, choisir les sujets, les indiquer à mes artistes, et demeurer
à Naples assez de temps pour avoir suivi
leurs premières opérations, avant de m'éloigner de cette capitale; c'est ce que j'ai fait,
pendant que je préparois mon voyage dans
les Calabres.

Ce voyage présentoit beaucoup de difficultés, parce qu'il ne s'agissoit pas seulement
de me rendre directement et en peu de jours
dans une des villes des Calabres, mais de
parcourir ces provinces et de visiter tous
les lieux où j'espérois trouver de nouveaux
monumens, et qui étoient intéressans par leur
position ou les souvenirs qu'ils rappellent.
La bonté du Roi a encore applani ces difficultés; sans les lettres que S. Exc. le
Ministre de l'intérieur a écrites, en son nom,
aux principales autorités, je n'aurois pu
exécuter mon projet.

Je différerai le récit de ce que j'ai fait
à Naples, pendant mes divers séjours dans
cette ville, afin de pouvoir vous donner
une indication collective, en vous parlant
de l'époque où je l'ai quittée. Je dois vous
entretenir avant de mes voyages dans les
différentes provinces du royaume.

Je sortis de Naples le 6 de mai 1812,
après avoir passé une partie de la journée à

Pompeï. J'ai été témoin d'une fête patronale accompagnée de scènes religieuses très-singulières. J'ai fait dessiner ces scènes, qui ont lieu en l'honneur de *la Madona del Bagno*, près de Scafati. Le joli temple rond de *Nocera* est connu de tous les voyageurs, et il a été gravé; mais on avoit négligé un cippe avec une inscription dont les lettres sont dans une direction perpendiculaire; j'en ai le dessin.

Je me suis rendu à *Salerne* où j'ai passé quelques jours chez Monsieur l'Intendant, cette fois, au retour des Calabres et dans d'autres excursions. Ces séjours n'ont pas été infructueux. Voici le résultat de mes recherches. J'ai un très-beau dessin de la cathédrale; on y voit le magnifique vase qui est au milieu de son majestueux portique, et les sarcophages qui l'entourent : deux de ces sarcophages seulement ont été dessinés par M. Paoli, dans son grand ouvrage sur Pæstum, et ces dessins n'ont absolument rien qui rappelle le style de l'antiquité; j'en ai fait dessiner sept qui sont ou sous le portique ou dans l'église, et un joli bas-relief qui est dans l'escalier de l'église souterraine. Nous étions dans le temps Paschal : un grand rouleau pendoit du haut de la chaire; il représente les cérémonies relatives au cierge paschal en plusieurs tableaux, selon les rites les plus anciens de l'Eglise. J'en ai le dessin colorié; enfin le maître-autel de la Sacristie est orné d'un grand cadre, qui contient des morceaux quadrangulaires d'ivoire au nombre de 30 : ils représentent différentes histoires de l'Ancien et du Nouveau Testament; on lit sur quelques-unes de ces sculptures des noms grecs; j'ai fait dessiner ce monument chrétien. Pendant que mon dessinateur étoit ainsi occupé, j'ai copié, dans la ville, des inscriptions curieuses pour son histoire au temps des Romains, et qui n'ont point été publiées.

Le tombeau de la Reine Marguerite avoit été transporté d'une église supprimée dans la cathédrale; il est décoré de deux grands bas-reliefs, inédits, et dont j'ai fait prendre les dessins.

Je ne me suis point borné à rechercher ce que Salerne renferme encore d'important pour l'histoire et pour les arts, j'ai fait des excursions dans ses environs; j'ai passé deux jours dans le célèbre *Monastère de la Cava.* J'ai visité les beaux sites des environs, et j'ai examiné ses archives, dont j'emporte une notice qui pourra être utilement employée dans ma relation. J'y ai pris les calques des figures qui ornent le célèbre code des lois lombardes, à cause des costumes et de la singularité des dessins. Ces figures sont celles des princes et des rois Rachis, Joannes, Ludovicus, Pipinus, Lotharius, et Adelchis.

Mes amis et des marins distingués m'avoient sagement recommandé de ne faire aucune excursion sur mer, parce que la côte même est souvent infestée de corsaires qui sont cachés dans les rochers; je n'ai pu cependant résister au désir de voir le beau golfe de Salerne, et les villes autrefois célèbres, du moins dans le moyen âge, qui en font l'ornement par la manière pittoresque dont elles sont situées. J'ai été de Salerne à Amalfi, par mer; je rapporte les dessins des vues des principales villes, *Citara, Majori, Minori, Adrano,* et *Amalfi.* J'ai aussi les dessins d'un bas-relief très-maltraité, et d'un grand vase de porphyre qui sont dans cette dernière ville, et celui d'une immense grotte consacrée à la Mort par une confrairie; elle est d'un grand caractère qui est encore augmenté par les squelettes symmétriquement rangés, les chapelles rustiques, et les lampes grossières qu'on y a placées.

Vous pensez bien que ces excursions, ces dessins ont exigé du temps; j'ai passé, à différentes reprises, quatorze jours à Salerne ou dans ses environs.

Mon premier voyage n'a été que de cinq jours. J'en partis le 12 de mai; je me suis arrêté à *Persano;* j'ai passé tout le jour suivant à *Pæstum*, et j'en suis parti après avoir pris seulement le dessin de quelques tombeaux qui ont été récemment ouverts; le reste est digne d'être admiré, mais bien connu.

Il a fallu laisser ma voiture à Pæstum, et prendre la *cavalcatura*, réunion d'ânes, de mulets et de chevaux qui s'accordent toujours mal ensemble, et dont l'usage est très-incommode. J'ai été ainsi à *Agropoli* où j'ai trouvé, dans la prison, un Triton de marbre qui diffère, par la manière dont il a été figuré, de ceux dont on a la représentation.

J'ai traversé le Cap Minerve, et me suis rendu à *Procili* où j'ai passé la nuit. J'ai été à *Casalicchio*, puis à *Ascea*, d'où, revenant sur mes pas, j'ai fait une excursion pour visiter le site de l'antique *Velia*, qui est sur la rive du petit golfe qu'on appelle *la mer d'Ascea*. Il ne reste qu'une partie de l'enceinte de Velia dont les murs sont bâtis en grandes pierres quadrangulaires, comme ceux de Pæstum. J'y ai aussi remarqué des briques énormes avec des lettres initiales d'une forme singulière : elles étoient trop lourdes pour être transportées; j'en ai les dessins.

Je ne vous parle pas des costumes, des ustensiles domestiques dont j'ai aussi les dessins : il suffit de savoir, pour le reste de ma

narration, qu'autant que je l'ai pu je ne les ai
jamais négligés. Le syndic faisoit venir des
femmes dans leur parure; et, pendant que je
rédigeois mes notes, M. Catel les dessinoit. Ces
costumes ont l'avantage de n'avoir pas été
faits d'idée, et comme pour le théâtre, ainsi
que ceux qu'on vend à Naples, à Rome et
dans plusieurs villes de l'Italie; ce sont de
véritables portraits, et la physionomie nationale
a été conservée. J'ai aussi fait dessiner des
meubles, des ustensiles de ménage et des instrumens aratoires qui m'ont paru singuliers.

La mer fait, à Velia, un coude jusqu'à
la pointe du Cap Palinure; le rivage est plat
dans cette anse. Je crus pouvoir la traverser
sans danger, dans une barque; et, en effet,
j'arrivai au Cap, après avoir ramé quatre
heures. Il n'y a, sur cette pointe, que de
chétives masures, dont une est occupée par
des douaniers, et une autre par quelques gardes
civiques; les autres gardes sont à la batterie. Le
capitaine me prévint que si je voulois, comme
j'en avois annoncé le dessin, aller à la
Grotta delle Ossa, il falloit attendre, parce
qu'un corsaire étoit stationné au revers du
Cap. Je désirai au moins voir la *Grotte
de Palinure*, qui étoit du côté de l'anse de
Velia; il envoya une barque devant la mienne
pour nous avertir si on voyoit quelque
ennemi; et, pendant qu'elle faisoit sentinelle,

2

nous nous promenâmes en ramant dans cette superbe grotte, dont toutes les stallactites ont une incrustation d'un superbe bleu, mêlé à différentes teintes de jaune, produites par le soufre qu'elle recèle.

Nous passâmes plusieurs heures dans la cabane qui servoit de réfuge à la garde civique; une canonade très-vive nous apprit que les Anglois attaquoient quelque point de la côte; ils s'emparoient à Sapri d'un convoi de quarante barques. Je jugeai que le corsaire en voudroit avoir sa part, et qu'il n'étoit plus à sa station; en effet, nous ne le vîmes plus. Je fis encore passer une barque en avant; nous doublâmes le cap avec précaution; nous entrâmes dans le petit golfe où est cette grotte; quelques gardes civiques étoient sur le rivage où nous devions échouer en cas d'attaque : mais j'eus tout le temps de bien visiter la grotte, et d'en faire prendre le dessin. Elle est formée d'une substance si dure que les instrumens se brisent pour enlever les os qui sont convertis en silex et en très-petits fragmens. Je suis parvenu à faire détacher, avec bien de la peine, et en émoussant les pioches, une mâchoire bien conservée, que j'ai rapportée; elle m'a paru mériter d'être examinée.

Je passai la nuit dans la cabane; le lendemain, à la pointe du jour, je comptois partir ; mais il avoit plu toute cette nuit : le temps étoit affreux, la pluie dura ainsi pendant deux jours ; les torrens étoient tellement gonflés que la communication n'avoit plus lieu. On ignoroit le sort de Sapri et du convoi qui avoit été pris. Il me fallut passer quatre jours dans cette cabane. Je profitai d'un intervalle pour une excursion au *Tombeau de Palinure.* On appelle ainsi un tombeau romain qui est à trois milles de là dans une délicieuse situation. J'en ai le dessin, ainsi que celui de la grotte à qui on a donné le nom de ce compagnon d'Ænée.

Quelques personnes avoient franchi les torrens ; et, quoiqu'ils fussent encore très-rapides, j'avois tant d'impatience d'avancer, que je quittai ma cabane, malgré l'avis des braves gens qui m'y avoient très-bien reçu. J'avois une escorte de six hommes, des muletiers, etc. Nous passâmes assez bien la *Fumarola di Palinuro* qui a son embouchure près de la Grotte des Os. L'autre torrent *Fiume di Mingre,* nous offrit plus de difficultés ; il fallut faire plusieurs essais ; enfin, nous le franchîmes. Le syndic (maire) de San Severino, village voisin, s'y étoit noyé la veille au soir.

La pluie nous prit alors, et ne cessa plus de tomber. Nous passâmes après *Maceroto,* ville qui est dans une situation enchanteresse, il fut impossible d'en dessiner la vue, et j'en ai un grand regret. Nous arrivâmes enfin à *S. Giovani a Pira*, pénétrés par la pluie. Cette ville est sur un rocher très - pittoresque : j'en ai le dessin, qui fut pris le lendemain au point du jour.

Nous étions alors dans le *Golfe de Policastro*. Le *Bucento* étoit hors de ses rives, fangeux et rapide; nous ne pûmes le traverser. Nous tournâmes son embouchure, au moyen d'une barque, sur la mer; je visitai *Policastro*, ville où la fièvre habite une grande partie de l'année, et qui doit beaucoup ressembler à des villes d'Afrique, abandonnées à cause de ce fléau. Pendant que M. Catel dessinoit quelques bas-reliefs, je copiai plusieurs inscriptions.

Je voulus poursuivre ma route le long de la côte, et nous arrivâmes jusqu'à *Castelli*, qui n'est qu'à un mille de Sapri; les Anglois y étoient encore; ils tiroient sur le grand chemin. Alors nous rentrâmes dans la montagne; et, au lieu de me rendre à *Lagonegro* directement, je voulus revenir obliquement en arrière par *Lapadoula*. Nous nous retournâmes plus d'une fois pour admirer le beau golfe de Policastro.

Nous traversâmes *Bonati*, et nous arrivâmes sur les bords du Bucento qu'il fallut

encore traverser. Nos animaux étoient si fa-
tigués et si petits, que la hauteur de l'eau
et sa rapidité rendoient la chose impossible.
La nuit approchoit; nous étions forcés de
bivouaquer, sans aucune provision pour les
hommes ni les animaux. Je promis une ré-
compense à un des gardes civiques, si il vouloit monter l'animal le plus grand et le plus
robuste, et porter au syndic de *Sicili*, village dont on voyoit les maisons sur la crête
de la montagne, au delà du fleuve, la lettre
dont j'étois porteur. Après plusieurs tenta-
tives, il passa; et, un peu avant que la nuit
fût close, il revint accompagné du syndic,
de trois grands mulets, et de la plus grande
partie des habitans de Sicili. Nous passâmes
tour-à-tour sur ces animaux; on tiroit les
nôtres derrière avec des cordes; un pauvre
âne fut entraîné par le fleuve; malheur à
celui qui auroit été dessus.

Nous fûmes bien heureux de passer la nuit
dans ce village. Nous traversâmes le lendemain
le *Cilente*, chaîne de montagnes très-escarpées,
où les chemins sont à peine tracés, il faut
toujours monter ou descendre sur un terrein semé de pierres anguleuses; le sol
est couvert de bois. Cette superbe forêt s'étend
jusques à celles de la Calabre, elle a été
pendant longtemps le séjour des brigands les
plus déterminés; sa réputation seule est au-

jourd'hui effrayante. Mon escorte étoit plus
que suffisante pour traverser ce pays sans
danger. Au bas des montagnes on trouve
Buon Abitacolo, et on entre dans la charmante vallée appelée le *Val de Diana*, qui
est à une petite distance de Salerne et sur la
grande route des Calabres.

Je passai un jour à me reposer dans l'immense monastère de *Lapadoula*, ancienne
chartreuse dont on a fait un hôpital militaire.
J'employai ce jour à voir quelques-unes des
villes qui ornent si agréablement les contours
de la vallée ; j'ai les dessins de quelques monumens du moyen âge, et de costumes :
c'est tout ce que j'ai pu recueillir.

Le surlendemain fut encore un jour de
repos, puisque je pus aller jusqu'à *Lagonegro* en voiture ; c'est le chef-lieu d'un
district, ou sous-intendance de la *Basilicata*.
J'ai emporté la vue de la ville, le dessin de
l'église, et quelques costumes. On peut encore aller en voiture à *Castrovillari*, à deux
journées de Lagonegro. *Lauria*, par l'abon-
dance de ses eaux, *la Rotunda*, par sa situation, offrent de très-beaux sites : je les ai
fait dessiner.

Castrovillari est une sous-intendance de
la *Calabria citra*. On n'y observe rien de
curieux ; le site même n'est pas remarquable ;
on m'y fournit de bons mulets. Au lieu de

suivre la route directe qui mène à Cosenza, je visitai *Cassano* sur la gauche, et le lendemain *Lungro* sur la droite, pour voir la mine de sel et un village d'Albanois dont les usages et les costumes sont singuliers. Nous fîmes le lendemain cinquante-quatre milles, sans trouver autre chose que quelques maisons brûlées, l'herbe des champs pour les animaux et même pour les hommes qui les conduisoient; nous avions heureusement les provisions que les bons Albanois de Lungro m'avoient données.

Cosenza est aujourd'hui la capitale de la *Calabria citra*, quoique Catanzaro soit bien plus considérable; il y a de bons établissemens; la ville est bien bâtie, mais à l'extrémité d'une vallée meurtrière, et elle a été le tombeau de beaucoup de nos soldats et de nos officiers. La civilisation y est cependant portée plus loin qu'ailleurs; on y trouve toute espèce de métiers. Je voulus chercher le lieu où on peut supposer qu'Alaric a été enterré; mais le Cratys et le Sybaris ont changé de lit, de manière que la chose est impossible. J'ai un recueil des costumes curieux des habitans de la province; j'ai passé trois jours à Cosenza.

Au lieu de suivre la route directe qui va à Reggio par Monteleone, je revins encore sur mes pas pour continuer à visiter la côte que j'avois quittée à Castelli, et j'ai une grande

satisfaction d'avoir pris cette résolution. La
route à travers les bois et les montagnes
jusqu'à *Paola* où je voulois aller, offre des
sites admirables, et dont le souvenir ne peut
jamais s'effacer. Cette ville est elle-même dans
la plus belle situation; le monastère qui étoit
le chef-lieu de l'ordre fondé par Saint Fran-
çois, sa statue placée sur la cime d'un rocher,
et que tous les vaisseaux saluent en passant, les
édifices singuliers de la ville, sont dignes
d'attention; j'ai les dessins de tout ce qui
méritoit d'y être remarqué, ainsi qu'à *S. Lucido*
et à *Amantea*.

Je ne saurois exprimer le ravissement que
cause la vue de cette côte, d'Amantea à Nicastro; mais il fallut faire cinquante-six milles,
sans rencontrer autre chose qu'une taverne
où on ne vend que du mauvais vin et pas
un morceau de pain. Les casins et les églises
qui étoient sur cette côte ont tous été dévastés
et incendiés, et on n'y voit que des témoi-
gnages de la fureur des hommes, et des
preuves d'un esprit effréné de destruction.
Il faut rentrer dans les terres pour se rendre
à *Nicastro*. Nous fîmes plusieurs milles à travers un bois de myrthes, de genêts et d'arbres
à fleurs odorantes dont les couleurs étoient
admirablement mélangées. Il n'y a point de
sentier dans ce riant bosquet; aussi le trouve-
t-on à la fin un peu long; les jambes de

derrière de mon mulet se prirent dans la bride de celui de M. Catel, qu'il avoit laissé traîner; l'animal devint furieux, et je pensai être tué. Nous arrivâmes à Nicastro à la nuit, épuisés de fatigues, de faim, et moi très-meurtri.

On voit à Nicastro les traces de deux horribles fléaux; la ville a été en partie détruite par le tremblement de terre de 1783, et un torrent en a détruit une autre partie en moins d'une heure : des rochers énormes qu'il y a entraînés ont pris la place des maisons qu'il a renversées. Je n'ai emporté de Nicastro, qu'une inscription antique peu importante.

Il faut encore faire une marche forcée pour aller en un jour de Nicastro à *Monteleone,* chef-lieu de la *Calabria ultra;* et, quoiqu'on suive la grande route, on n'y trouve pas plus de ressources. Cette ville a été entièrement détruite par le tremblement de terre de 1783. Les maisons sont appelées *baraques,* parce qu'elles sont en bois. Il y a deux palais magnifiques qui sont ainsi bâtis; mais cela est connu de tout le monde. J'ai passé trois jours à Monteleone; j'y ai trouvé quelques monumens à copier et quelques belles inscriptions qui ne sont pas connues.

J'aurois pu suivre encore la route directe
de l'antique *Vibona* (Monteleone) à Reggio. J'ai, pendant mon séjour, fait des excursions au *Pizzo*, et sur les rives du beau
Golfe de Sainte Euphemie. J'ai pris deux
curieuses inscriptions latines, inédites: après ce
séjour, j'ai rétrogradé vers Tropæa. *Mileto*
m'a offert les traces les plus effrayantes du
terrible tremblement de terre de 1783. J'ai
plusieurs dessins qui représentent l'ancien
sol de la ville dans son état actuel; j'ai de
beaux dessins du magnifique sarcophage antique où on avoit déposé Roger; j'ai fait
creuser auprès, et j'ai retrouvé celui où étoit
son épouse Adelasie. Le monastère a été détruit; il ne subsiste pas une feuille de ses
riches archives.

Tropæa où je me rendis ensuite, *Parelia,*
Nicotera sont des villes placées dans des sites
délicieux, et leurs noms grecs ajoutent encore
à l'intérêt qu'elles inspirent. Tropæa possède
quelques monumens du moyen âge; avant
d'y arriver, on voit s'élever sur la mer les
îles de Lipari et de Nicotera; on découvre
une partie des côtes de la Sicile.

Je me détournai et fus à *Seminara*, pour voir
le lieu qui offre les plus étonnans phéno-
mènes du tremblement de terre. Je me
rendis le soir à *Palmi*, et le lendemain à
Bagnara, et enfin à *Scilla* d'où on dis-

tingue le *Phare de Messine.* Toutes ces
villes ont été détruites par les tremblemens de terre; elles n'offrent rien pour la
science qui nous occupe. J'ai fait plusieurs fois le tour du *Rocher de Scilla;*
son élévation perpendiculaire, les rocs
qui lui servent de ceinture ont bien pu
prêter à l'idée des poètes qui lui ont
donné une forme semi-humaine; on a pu
y voir une femme entourée de chiens hur-
lans, comme on voit des géants dans les
nuages.

J'ai passé un jour plein à Scilla. J'ai
suivi toutes les opérations de la pêche du
poisson *spada;* elle se fait encore comme
Strabon l'a décrite; mais il est faux que
les expressions dont on se sert soient des
termes grecs. J'en ai pris la liste, et on n'y
remarque aucun Hellénisme.

Je ne vous décrirai pas, mes chers Confrères, les plaisirs que j'ai éprouvés à suivre
le superbe détroit qui serpente avec tant
de grâce et de majesté. Il suffit de savoir
que j'ai passé onze jours à *Reggio,* dont j'ai
vu tous les environs, et où j'ai fait plusieurs
observations. J'y ai trouvé des briques avec
le nom de la ville en grec, plusieurs petits
monumens; les tremblemens de terre ont détruit le reste. J'ai visité plus d'une fois le

Camp de Piale, et *San Giovane* d'où on en-
tend les coqs siciliens chanter. J'ai vu la
parade des Anglois; j'ai entendu leur mu-
sique militaire, et distingué les femmes de
Messine qui alloient à la messe.

Je voulois revenir par le rivage de la mer
Ionienne; mais la route par *Bova* est difficile et sans intérêt, sur un sable aride; je
pris donc le parti de revenir sur mes pas jusqu'à Palmi; et, comme j'étois venu à cheval, je
voulus retourner par mer pour jouir de la
vue de cette belle côte, et passer entre
Charybde et Scilla. Les deux rivages sont à
une si petite distance que les boulets de
canon y arrivent; mais nous n'avons point
d'établissement sur cette côte; et quand notre
batterie de *Pentimele* tire, on voit voler le
sable devant les maisons du phare, et il y
en a toujours quelqu'une de détruite. Cette
facilité de se faire du mal est cause qu'on
laisse réciproquement les petites barques suivre
les contours des rivages; mais, pour peu qu'elles
s'en écartent, les batteries siciliennes tirent
dessus; et, quand c'est une barque française,
la batterie de Pentimele tire sur le phare.
J'ai donc pu suivre ainsi toutes les sinuosités
du détroit. Une fois qu'on est entré dans la
petite anse de Scilla, le rivage est tellement
gardé, qu'il n'y a point de danger, non plus

que de Scilla à Bagnara ; mais, malgré de
sages observations, je voulus aller ainsi de
Bagnara à Palmi, et je vis bientôt que
j'avois fait une imprudence. Le rivage est
tellement déchiré que les barques ennemies
s'y cachent facilement, et il est si escarpé
qu'il n'y a aucun moyen de fuir. J'arrivai
pourtant sans malencontre à Palmi, dont le
commandant m'assura qu'il ne voudroit pour
rien risquer le voyage que j'avois fait.

Je partis le lendemain, avant le jour,
de Palmi, pour traverser cette pointe de
la Calabre, et aller à Gerace sur la rive
de la mer Ionienne; je fus coucher à *Casal
nuovo;* je passai le jour d'après, avec une
bonne escorte, le *passo de i mercanti,* et
j'arrivai à Gerace par une route où l'on
voit la végétation dans toute sa force, des
forêts d'arbres immenses, la plus grande
pompe, et les plus belles horreurs de la na-
ture.

Gerace est sur la pointe d'un rocher; j'y
ai trouvé quelques monumens intéressans;
j'ai été visiter la plaine de *Locres:* on reconnoît encore l'enceinte de la ville qui est
en pierres carrées. J'y ai copié quelques
inscriptions grecques et d'autres qui sont
romaines. On y a fait des fouilles produc-
tives. J'ai le dessin d'un beau casque de
bronze orné d'une inscription grecque en

très-anciens caractères, et un fragment de
vase peint d'une admirable beauté. J'ai aussi
les dessins de quelques monumens du moyen
âge.

Je repris ma route sur cette côte ; on
n'y trouve aucune habitation entre les villes :
elles sont toutes sur des hauteurs qu'on croi-
roit inaccessibles. On a à droite la mer ; on
marche sur une argille sablonneuse coupée
à chaque moment par des petits torrens ou
des ruisseaux qui n'ont qu'une eau mal saine
et fangeuse ; à gauche, sont les rocs grisâtres
et sans verdure de la chaîne des Apennins.
Si on regarde la carte, on se persuade
aisément que toutes les villes qui y sont
marquées se rencontrent sur la rive. Mais
on va de Reggio à Tarente sans entrer dans
aucune ville, si on ne se décide pas à y
pénétrer ou plutôt à y gravir par l'âpre
chemin qui y conduit. Ce chemin est toujours le lit d'un torrent ; il n'y en a point
d'autres ; les pieds des chevaux glissent sur
les galets dont il est couvert. Ce lit a quelquefois un demi-mille de largeur ; les bords
sont élevés ; il y fait chaud comme dans un
four, et tous les galets sont véritablement
brûlants. Après avoir fait ainsi à peu près
quatre milles, on arrive au pied de la montagne où la ville est perchée comme le nid
d'un aigle. On monte ainsi deux ou trois

milles, et il faut toujours descendre à pied,
tant le chemin est difficile et rapide; on est
tout étonné de se trouver à cette hauteur dans
une ville qui compte de trois à cinq mille habitans, et dans laquelle il y a des palais qui ont
une bonne apparence, mais dont les maîtres
communiquent à peine avec les habitans des
villes voisines.

J'ai tout lieu de penser que ces difficultés
ont rebuté M. Swimburne, et qu'il a vu ces
villes du rivage avec sa lunette; il en parle
bien moins pertinemment que de celles de
la Pouille; il dit seulement des choses com-
munes sur leur histoire, et il se trompe dès
qu'il les décrit. Pour moi, je les ai visitées; j'y ai
habité plus ou moins de temps. J'ai vu aussi
Roccella et le lieu où on croit qu'étoit *Cau-
lonia.* J'ai été à *Isca,* à *Stilo,* où j'ai pris le
dessin d'une église grecque très-singulière,
et celui d'une colonne qui porte une inscription grecque. On découvre au bas toute la
mer, depuis le promontoire *Zephyrium* jusqu'à Cotrone.

J'ai visité de même *Santa Catarina Stal-
lati,* d'où il faut descendre comme dans un
gouffre, pour gravir ensuite la pointe où
est *Squillace;* le chemin de ce côté est si
difficile, qu'il faut le faire à pied; les mulets risquent à chaque instant d'être préci-
pités, et mes muletiers firent des cris de

rage de s'y être engagés : heureusement
l'escorte dont j'étois accompagné leur imposa
silence. Il faut toujours avoir une escorte
dans les Calabres, si ce n'est contre les brigands, du moins pour être maître des muletiers, et forcer les paysans à servir de guides.
On n'a aucune considération pour les voyageurs
qui n'ont point un fusil en bandoulière,
ou qui ne sont point accompagnés d'hommes
qui en ont.

J'arrivai le lendemain à *Catanzaro*, qui
est une des plus grandes villes et des plus
civilisées de la Calabre ultérieure. J'avois
trouvé à Squillace quelques monumens intéressans. J'ai le plan d'un grand édifice qui
me paroît avoir été une belle église qu'on
a bâtie dans les premiers temps où les Chrétiens ont pu avoir un culte public. Catanzaro n'offre rien de curieux; je fus forcé
d'y rester trois jours pour donner le quin-
quina à mon dessinateur et à mon domes-
tique qui avoient la fièvre. Je voulois aller
à Cotrone, dont les habitans, épuisés par
cette maladie, sont bien loin d'avoir la vigueur
de Milon. M. Catel témoigna la plus grande
répugnance pour séjourner dans cette ville,
où il est impossible de ne pas coucher. Elle
n'a d'autre importance que son nom. Le
Baron de Riedesel a parfaitement décrit
la prétendue Ecole de Pythagore qui est à

côté. Je résolus alors de tourner Cotrone, mais d'aller à *Taverna* qui est dans l'intérieur des terres, parce que c'est la patrie de *Mattia Prete* surnommé le *Calabrois*, et qu'il y a laissé beaucoup de ses tableaux.

Il faut monter, pour y arriver, sur des hauteurs très-escarpées, et se plonger dans des profondeurs immenses. Je me détournai encore pour passer à *Tiriolo*, où il y a quelques vestiges antiques. J'y vis de grands tuyaux de terre avec des initiales grecques; le costume des femmes est charmant. On traverse *Genigliano*. Ces petites villes semblent avoir été hier la proie des flammes. Elles ont été occupées par les bandes révoltées, et témoins de scènes qui font frémir l'humanité. Enfin, on arrive auprès de l'entonnoir au fond duquel semble être *Taverna*, quoiqu'il soit encore à une assez haute élévation. Il n'y a point de chemin tracé, et il faut se tenir aux arbustes pour n'y pas descendre plus vîte qu'on ne le veut. C'est la patrie du Calabrois, qui est devenu si riche, qui a été comblé de tant d'honneurs, et qui a eu tant d'aventures singulières. Il n'y a de curieux à Taverna que ses tableaux. J'ai la copie très-ressemblante de son portrait qui est dans un de ses ouvrages.

3

De Taverna à *San Giovane di Fiore*, on fait cinquante-quatre milles; je n'ai rencontré qu'un pâtre, un capucin et un homme qui pêchoit des petits poissons dans une mare. On traverse la *Sila*, cette antique forêt dont Virgile fait une belle description; elle est aujourd'hui bien dévastée.

San Giovane di Fiore n'offre rien de curieux. Je fis le lendemain une route aussi longue pour aller à *Rossano*, ville placée comme les autres sur une hauteur à cinq milles du rivage; j'arrivai traversé par la pluie, parce qu'il avoit fait un orage terrible, que j'aimai mieux recevoir dans un lieu découvert, que de me mettre à l'abri sous des arbres très-élevés.

Je passai trois jours à Rossano pour me reposer : j'en employai un à une excursion dans l'ancien monastère des Basilidiens, appelé *la Madona del Patire*. Ce monastère très-intéressant, où il y avoit d'antiques sculptures, des manuscrits et des diplômes grecs, a été tellement pillé et saccagé, qu'il n'y a pas une pierre qui ne porte la marque de la méchanceté des hommes. J'ai pourtant pris le dessin de l'église, qui est d'une architecture normande très-remarquable, ceux du pavé en mosaïque dans le genre arabe, et d'un grand vase de marbre, qui a sur sa lèvre une inscription grecque des bas temps. Rossano m'a aussi fourni quelques monumens curieux.

Je me suis rendu à *Corigliano* où nous prîmes le dessin d'un aqueduc d'un bel effet. Je parcourus le lendemain la plaine où étoit *Sybaris*. Il ne reste pas une pierre de ses murs, et cette plaine, autrefois si fertile en roses, est aujourd'hui couverte de chardons si élevés et si touffus, qu'un régiment de cavalerie y pourroit passer plus sûrement que dans un bois, sans être aperçu. Je fus le jour suivant à *Cassano*.

J'avois d'abord formé le projet de suivre le rivage jusqu'à Tarente, et de revenir à Naples par la Pouille. Le respectable archevêque de Tarente me fit remettre une lettre dans laquelle il me prévenoit que je ne pouvois point faire ce voyage dans cette saison, sans de grands risques pour ma santé. Celle de M. Catel étoit languissante; il étoit fatigué et découragé. Je résolus alors mon retour à Naples. Je trouvai une voiture à quatre milles de Cassano, à Castrovillari.

La route ne m'offrit rien de nouveau jusqu'à la Padoule; mais, depuis cette ville jusqu'à Salerne, je pus faire quelques observations. Je ne copiai pas la singulière inscription antique qui est sur la taverne de la *Polla;* elle est trop connue. Je fus bientôt rendu à Salerne et à Naples, en faisant encore une longue station à Pompeï.

Après mon retour de la Calabre, j'ai passé depuis le 18 de juillet, époque de ma rentrée dans Naples, quinze jours à suivre mes recherches dans la ville, et à faire quelques excursions dans les environs autour du Cap *Misene*, à *Pouzzoles*, à *Cumes*, jusqu'au lac *Patria*. Je rapporte les dessins de quelques bas-reliefs qui n'ont point été publiés.

J'ai ensuite visité *Nisida*, *Procida*, et *Ischia*. J'ai les dessins de quelques monumens que j'ai trouvés dans cette île. J'ai pensé au retour à mon voyage aux Abruzzes. Des bandes de brigands organisées, la terreur qu'inspiroit le nom seul du féroce Matera qui a été tué depuis, rendoit le voyage dangereux, du côté de *Sora*, à la limite de l'ancien Etat Romain. Le général Fressinet a levé cette difficulté, en venant lui-même faire cette excursion : des postes placés de distance en distance, trente hommes qui nous escortoient, son aide-de-camp, deux officiers étoient plus que suffisans pour rassurer l'homme le plus timide.

J'ai été devant pour voir l'amphithéâtre de *S.ᵉMaria de Capoue*, visiter *Capoue* même en détail; j'y ai fait dessiner les belles têtes colossales dont je parle dans ma Dissertation sur les Tombeaux de Pompeï (1), et un magnifique bas-relief qui est dans l'église souterraine du *Duomo*, ainsi que quelques autres sarcophages antiques qui décorent le portique de cette église. J'ai aussi le dessin de la mitre de S. Paulin qui a des inscriptions grecques.

J'étois le 27 d'août à *Teano*, ville connue dans la numismatique. J'y ai trouvé des inscriptions campaniennes, sur des pierres volcaniques : ces morceaux sont à présent à Paris.

Après avoir visité Calvi, et copié quelques inscriptions, j'ai été à Saint-Germain où j'ai fait dessiner quelques monumens, et pris la vue perspective et le plan d'une église grecque dite de *Cinque Torri* qui forme un carré parfait; elle est soutenue en dedans par des colonnes.

J'ai passé une partie du jour et la nuit à Saint-Germain; et, au point du jour, j'étois sur la montagne qui conduit au *Mont Cassin*. Ce monastère est conservé comme séminaire; j'ai passé un jour entier dans la bibliothéque; je ne saurois trop me louer de la bonté des religieux qui l'habitent. J'ai la copie figurée des portes de bronze de l'église, en plusieurs feuilles. On y avoit tracé en caractères in-

(1) Page 64.

crustés d'argent les noms des terres qui appartenoient au monastère. Gattola a rapporté les inscriptions, mais il ne les a pas figurées. J'ai une copie exacte, faite par le second archiviste D. Isidoro Matera Aragona, et collationnée par le premier Don Ottavio Traja Frangipani, de la célèbre vision d'Alberic, dont Montfaucon a donné l'indication, et dont le savant religieux Costanzo a publié un extrait. J'ai pensé que cette pièce feroit principalement plaisir à notre excellent confrère, mon ancien ami M. Ginguené, parce que vous savez qu'on prétend que Dante a tiré de cette vision le plan de son *Enfer.*

L'air est tellement vicié à *S. Germano,* que nos soldats, qu'on y avoit imprudemment cantonnés, ainsi qu'à Venafro, voyoient chaque jour périr quelqu'un des leurs, et cette influence maligne se fait sentir à Mont Cassin même. Quand je me levai, la campagne étoit entièrement couverte d'un épais et noir brouillard, qui s'élevoit jusqu'à ma fenêtre; j'éprouvai un mal-aise pour la première fois depuis ma sortie de Paris, et je reconnus que j'avois la fièvre. M. de Cherrières, jeune officier, qui étoit de notre compagnie, en fut également atteint. Nous attendîmes que le brouillard fût entièrement dissipé pour descendre à Saint-Germain où nous trouvâmes nos voitures. La route est carossable de

Naples à Sora. Arrivés à *Arce*, le mal-aise
et la fièvre avoient augmenté. Pendant que
nos compagnons faisoient halte, nous fîmes
mettre, M. de Cherrières et moi, de la paille
sous un arbre, et nous prîmes de l'ipecacuannha
que j'avois apporté; il en éprouva de grands
effets; je n'en ressentis aucun; cependant je
me trouvai mieux en arrivant à *Sora*. Je fus
en état de faire une excursion le lendemain
à *Isola*, et de monter le jour d'après à cheval
pour terminer le voyage. Je n'ai point eu
d'incommodité depuis; quant à mon pauvre compagnon, il a eu la fièvre pendant trois
mois; on l'a cru mort; son convoi a été com-
mandé, et je l'ai vu au printemps de cet
hiver partir pour Livourne, étant encore
dans un état affreux. Je sais, par les lettres
de ce brave et aimable jeune homme, qu'il
est entièrement rétabli.

La campagne, depuis Sora jusqu'au Lac
Fucino, est admirable. Je me suis arrêté
longtemps dans la fameuse plaine où Charles
d'Anjou a détruit l'armée de Conradin, qui
croyoit l'avoir vaincu. On reconnoît la montagne derrière laquelle Charles, par le conseil du Sire de Valeri, avoit caché la
terrible réserve qui décida la victoire. M. Catel, que j'avois amené dans ce voyage, a
dessiné ce site, pour la décoration de la
tragédie allemande que mon ami, M. le

Docteur Koreff, qui nous accompagnoit, a composée, et dont le titre est *Conradin*.

Nous avons séjourné à *Avezzano*, et j'ai la vue du château qui est très-pittoresque. J'ai fait une petite navigation sur le lac *Fucino*, et vu en détail cet émissaire dont la construction vous est connue par les relations et les plans qu'on en a donnés. Mais les descriptions ne peuvent faire prendre une idée juste d'un ouvrage aussi prodigieux.

J'ai profité de mon séjour à Avezzano, pour visiter l'*Alba des Marses*, où il y a une enceinte immense de murs cyclopéens de la plus grande beauté. J'ai le dessin de quelques parties où l'assemblage des pierres m'a paru singulier; j'ai aussi la copie de quelques monumens des bas temps qui sont dans l'église des Franciscains. On m'a assuré que les murs cyclopéens avoient été dessinés par un artiste qui venoit de la part de l'Institut; ainsi ces dessins doivent être dans votre collection.

Je suis revenu à Naples par le même chemin. M. le général Fressinet n'auroit plus été dans sa division, si nous avions fait le tour du lac. Il m'a donc fallu remettre à un temps plus éloigné, l'examen de cette autre partie des Abruzzes.

J'étois parti le 27 d'août, et je suis rentré à Naples le 16 de septembre; je n'y ai séjourné que trois jours, et je suis reparti pour voir toute la côte depuis *Castellamare* jusqu'au *Cap des Sirenes*, et visiter l'île de *Capri* où j'ai passé trois jours. M. Hadrawa a bien décrit ce qu'on y a découvert. J'ai rapporté de *Sorrente* les dessins de cinq bas-reliefs et de quelques inscriptions, et je ne suis revenu à Naples qu'après une nouvelle excursion à la Cava et à Salerne, et après m'être encore arrêté deux fois pendant plusieurs heures à Pompeï.

Mon voyage en *Pouille* étoit encore impossible; il falloit attendre que les pluies de novembre eussent emporté les miasmes délétères, et je n'étois encore qu'à la fin de septembre. J'ai profité de ce temps pour voir le *Comté de Molise* et la partie des *Abruzzes* qui me restoit à parcourir. L'escorte de quelques gendarmes m'a suffi, et dans quelques occasions périlleuses mon bonheur ne m'a point abandonné. Je réserve pour des conversations amicales et particulières des récits qui allongeroient mes Lettres; je dois me borner à un itinéraire et à un exposé du matériel de mes travaux, afin que vous puissiez juger si j'ai fait un bon emploi du temps que l'on a bien voulu m'accorder.

Je suis parti le 12 d'octobre pour *Venafro* et *Isernia* où il y a des restes de murs

cyclopéens, des monumens et des inscriptions dignes d'être remarqués, et dont je
rapporte des dessins exacts et des copies
fidèles. Je passe sous silence la nuit que j'ai
passée dans la taverne de la *Avandra* qui
est le rendez-vous de tous les brigands du
pays; ce que j'ai observé à *Castel Sangro*,
à *Rocca Raso*, où les femmes ont un si
beau teint qu'on prétend que les Nègres y
deviennent blancs, parce qu'on regarde cet
éclat comme un effet du climat; à *Val-
loscuro*, où on voit à peine le soleil pendant deux heures de la journée, et seulement
quand il est midi; dans la funeste *Vallée des
cinq mille*, qui est, aux temps des neiges,
le tombeau de tant de voyageurs. Je me
suis arrêté à *Sulmone*, patrie d'Ovide où je
n'ai pu faire dessiner que quelques monumens des bas temps, curieux pour l'histoire
de l'architecture. Il y en a un sur lequel
on lit le nom de l'artiste. J'ai fait aussi
dessiner la statue d'Ovide, qui est de la fin
du quinzième siécle, pour montrer combien
les habitans de Sulmone étoient fiers alors
de l'avoir pour concitoyen. Il tient à la
main le volume qui contient ses ouvrages,
et c'est dans le lieu où on l'a placé que
les jeunes gens vont mettre en pratique les
leçons de son *Art d'aimer*. J'ai visité auprès
de Sulmone le magnifique monastère de

S. Spiritu, et l'oratoire dans lequel Pierre de Meuron, Célestin II, s'étoit retiré. Auprès sont des restes, qu'une tradition, dénuée d'autorités, regarde comme ceux de la maison d'Ovide. On peut au moins croire que c'est en honneur de sa mémoire que la fontaine qui coule auprès a reçu le nom de *Fontana d'amore.*

Après un petit séjour à Sulmone, je partis pour *Popoli,* en m'arrêtant au monastère de *Valva,* et sur les ruines de l'antique *Corfinium.* Je rapporte la belle inscription qu'on y a trouvée, et qui, je crois, n'est pas connue en France. Je devois coucher à *S. Valentino,* parce que la marche jusques à *Chieti* est trop longue; le brigadier qui commandoit ma petite escorte me fit observer que ce village étoit hors de route; que si nous nous y arrêtions cette nuit, les gens des environs en seroient instruits, tandis qu'on ignoroit notre passage, et qu'il étoit plus prudent d'aller droit à Chieti. Je me décidai pour ce dernier parti, et j'arrivai très-tard dans la nuit.

Je passai la journée entière du lendemain à Chieti, dont j'ai vu les monumens. Le prétendu temple de Castor et de Pollux, dont on a fait une église, est un tombeau. De Chieti, je me suis rendu à *Pescara,* lieu remarquable comme port et comme forteresse, mais où il n'y a aucun monument. Au lieu d'aller droit à *Giulia nuova*, j'ai fait un détour pour voir *Atri*, et je me suis convaincu que c'est à cette ville qu'on doit attribuer les beaux as que Lanzi croit être de l'Etrurie. Le chanoine Don Sorrichio en a un nombre considérable ; on en trouve chaque jour, et il m'en a donné quelques-uns. J'ai pris la description de deux que je crois inédits.

Après avoir vu tous les monumens d'Atri, j'ai repris, par un temps affreux, la route de *Giulia nuova*, d'où je me suis rendu à *Teramo*. Je n'ai point copié les inscriptions que M. le Conseiller Delfico a rassemblées, parce qu'il vient de les publier. J'ai donné l'extrait de son ouvrage dans le *Magasin Encyclopédique* (1).

Mon voyage de Teramo à Aquila a été très-pénible : il m'a fallu passer la nuit sur le *Monte Roseto* dans une taverne affreuse, où j'étois à couvert comme on l'est sous un parapluie percé. Le chemin pour passer le *Tottea* étoit glissant sur les pierres, et gluant partout ailleurs. J'avois avec moi treize gendarmes à pied ; j'en ai laissé cinq dans les crottes, ou qui n'ont pu suivre, et je n'en avois plus que huit en entrant à Aquila où je suis encore arrivé de nuit, et où j'ai

(1) Ann. 1813, t. 1, p. 209.

eu bien de la peine à me faire ouvrir les portes.

Les habitans d'Aquila, qui est une des plus belles villes du royaume, ont une urbanité qui est la suite de leurs relations avec Rome. J'y ai passé très-agréablement trois jours pleins dont j'ai profité pour aller visiter l'antique *Amiternum*. Vous connoissez le calendrier qu'on y a découvert. J'ai les dessins de quelques bas-reliefs qui n'ont point été publiés. J'ai aussi été à *Paganico* d'où j'ai rapporté. les dessins de quelques bas-reliefs, la copie de belles inscriptions, et le dessin d'un très-beau vase peint qui appartient à M. le Duc Costanzo.

Je suis revenu d'Aquila à *Celano*, qui a donné, dans les temps modernes, son nom, au lac Fucino ; le terrein étoit tellement fangeux que les chevaux enfonçoient jusqu'au ventre. Mon cheval suivoit un très-étroit sentier sur le bord d'un fossé ; la terre a manqué sous ses pas ; il est tombé dans le fossé, et moi sur le bord ; et, pour se relever, il a appuyé un pied sur mon épaule droite. J'ai cru avoir la clavicule cassée ; mais, en me relevant, j'ai reconnu au mouvement de mon bras que je n'avois aucune fracture, et j'en ai été quitte pour une contusion.

Je suis arrivé le soir à *Celano* ; j'ai été

le lendemain à *Piscina*; ainsi j'ai visité toutes les villes qui bordent le lac. Je suis rentré dans Sulmone, où j'ai repris la route de Naples par Isernia, et j'y suis rentré, après avoir employé un mois à cette tournée.

Je ne pouvois partir pour la Pouille, d'après le conseil de mes amis, qu'après les pluies qui tombent au commencement de novembre; mais alors les jours sont bien courts, et la température est désagréable, dans une contrée où on trouve rarement du feu, et où il n'y a pas de croisée, même dans les plus beaux palais, qui n'ait quelques vitres cassées. Je ne pouvois d'ailleurs m'éloigner sans avoir, de S. E. Monsieur le Comte Montalivet, la prolongation de mon congé, qui n'est arrivée qu'à la moitié de décembre. J'ai employé ce temps à suivre les travaux que j'avois entrepris, et à composer une Dissertation que j'ai eu l'honneur de vous adresser.

A la fin du mois de décembre, j'ai pensé que si le temps étoit rigoureux, l'espoir renaissoit de le voir s'adoucir, et de voir aussi les jours allonger. Je suis parti le 28: il geloit très-fortement; je suis sorti de Naples à trois heures après minuit, et je suis arrivé à l'entrée de la nuit à *Avellino*. Cette ville offre peu de choses remarquables; mais j'ai visité avec intérêt *Monte Vergine*, à trois milles sur la montagne. Les archives du monastère sont très-bien arrangées; mais on n'y trouve pas des pièces aussi importantes qu'à *la Cava* et au *Mont Cassin;* j'ai ensuite visité *Atripalda* d'où j'ai rapporté la copie de quelques inscriptions; on y remarque aussi quelques sculptures, mais elles ne m'ont rien présenté qui me parût nouveau.

J'ai suivi la route royale en me détournant encore de deux milles pour visiter *Eclanum* où le gouvernement a entrepris des fouilles; le soir j'étois à *Ariano;* c'est peut-être la ville la plus maussade du royaume : j'y ai passé un jour. J'y ai trouvé quelques monumens, et j'ai commencé à me convaincre du peu de soin avec lequel quelques écrivains, du pays même, rapportent les inscriptions, en se copiant mutuellement sans confronter les copies avec les originaux, lors même qu'il les ont sous les yeux. Il y en a qui décrivent des lieux qui ne sont pas à dix milles de celui qu'ils habitent, sans les avoir visités.

On voit, dans la cathédrale d'Ariano, une grande cuve de pierre sur laquelle est une inscription : elle a été rapportée par plusieurs auteurs depuis Ughelli, qui, je crois, l'a donnée le premier, jusqu'à Monseigneur Lupoli, qui a composé, il y a quatre ans, un gros volume in-4.º intitulé : *Iter Venusinum,* et M. le chanoine *Vitale,* qui vient de faire paroître une *Histoire d'Ariano*. Tous ont dit que cette inscription est en lettres longobardiques, et sa seule inspection fait voir qu'elle est du temps des Angevins. Les caractères sont très-grands, très-lisibles, très-bien conservés; il y est question d'un évêque appelé *Mainard* qui a fait présent de cette cuve; il y est dit, selon les copies, qu'il étoit de Padoue, *Pataviis natus;* son nom n'est pourtant pas italien. L'inscription porte PICTAVIS NATUS: il étoit donc Poitevin. J'avois amené un jeune homme qui dessine assez bien, et qui sait bien lire et copier les inscriptions du moyen âge; toutes celles que j'ai rapportées ont été fidèlement copiées, et, comme disent les Italiens, *tale quale*. Cela force à l'exactitude, et j'ai pu recounoître qu'il n'y en avoit que très-peu dans lesquelles les copistes n'eussent pas commis des erreurs; les miennes seront peut-être moins nombreuses.

Il a fallu partir à deux heures après minuit, pour arriver dans un seul jour à *Foggia*. Je croyois pouvoir visiter le Mont Gargano, et prendre le chemin de Barlette; mais la pluie, qui succédoit à la glace et à la neige, rendoit le grand chemin de la Pouille impraticable; cependant que faire à Foggia, ville absolument nouvelle? J'ai employé le temps à une excursion à *Troja* que les voyageurs visitent rarement et à *Lucera*. J'ai fait dessiner à *Troja* les deux grandes portes de bronze de l'église. J'ai pris des copies d'inscriptions antiques et du moyen âge. J'ai rapporté de *Lucera* le dessin de l'église, du baptistère, et une inscription arabe que je communiquerai à ceux de nos confrères qui s'occupent des langues orientales. M. Ackerblad l'a entre les mains; elle est relative à un gouverneur de Lucera.

Quand j'ai été de retour à Foggia, on avoit reçu l'avis que toutes les voitures qui étoient restées pendant plusieurs jours à l'*Incoronata* avoient passé le pont; je me mis en route dans une de ces chaises légères qu'on appelle *Calesse :* trois forts chevaux avoient bien de la peine à la conduire dans une terre limoneuse, où le chemin n'est point tracé; c'est une mer de fange; il y arrive souvent des accidens; si un homme qui voyage seul, tombe de cheval, il est indubitablement perdu.

J'eus bien de la peine à passer le pont de l'*Incoronata*. Je m'arrêtai à *Cerignola ;* j'y ai copié quelques inscriptions antiques; et, à un mille de la ville, dans une petite chapelle appelée *Notre-Dame de la Victoire*, j'ai calqué près de l'autel une inscription singulière que Gonsalve de Cordoue y a tracée lui-même, avec la pointe d'un couteau, en espagnol, après sa victoire sur les Français.

J'ai quitté la grande route pour visiter *Canosa*, où il y a des monumens de différens temps, tous très-curieux. J'ai ceux de l'église de S. Sabinus, fondée par Bohemond. Je rapporte le dessin du tombeau de ce prince, celui des portes de bronze, qui n'en ont pas empêché la spoliation; il est faux qu'on y ait gravé les événemens de sa vie. Les inscriptions sont curieuses pour la forme des caractères; j'ai aussi le dessin de la chaise épiscopale, du Pulpitum, etc., etc., et beaucoup d'inscriptions romaines.

J'ai examiné à mon aise et parcouru la célèbre plaine de Cannes, avant de me rendre à *Barlette* où j'ai pris un dessin fidèle, un vrai portrait de l'*Heraclius*, pour le porter à M. Visconti, et le dessin de quelques chapiteaux singuliers. Le temps s'est adouci, et j'ai vu avec plaisir et intérêt les villes qui, depuis Barlette jusqu'à Bari, ornent si agréablement le rivage de l'Adriatique.

J'ai ensuite recueilli avec soin les monumens de tout genre que j'ai pu trouver à *Trani*, *Bisceglia*, *Molfetta*, *Giovenazzo*. La neige et la pluie m'ont retenu sept jours à *Bari;* vous verrez, par les monumens de l'histoire du moyen âge, que j'y ai recueillis, si j'ai bien su y employer mon temps.

Dès que la température est devenue moins fâcheuse, j'ai repris ma route par *Mola, Polignano, Monopoli, Fazano, Ostuni ;* et, au lieu de suivre le chemin direct de Tarente par Lecce, vous pensez bien que j'ai préféré de me rendre à *Brindes* par *Carovignano.* La neige a recommencé dans cette ville ; et, à Brindes, où j'ai demeuré trois jours, il y en a eu plusieurs palmes. Les recherches que j'y ai faites, les monumens que j'y ai copiés et fait dessiner, la conversation aussi aimable qu'érudite du respectable archevêque, Monseigneur Annibale Leo, m'ont empêché de m'ennuyer dans ce lieu presque toujours brûlant, et qui ressembloit alors à une ville de la Moscovie. On n'a point eu, depuis bien des années, dans cette partie du royaume de Naples, un hiver aussi rigoureux. Parmi les monumens singuliers dont j'ai le dessin, je citerai la mosaïque où on voit *Roland* et l'*archevêque Turpin,* auprès de *Caïn,* de *Noé* et d'autres personnages de l'Ancien Testament.

Le quatrième jour le soleil a paru, et un véritable printemps a succédé à cette brume insupportable. Nous n'étions encore qu'au premier de février, et il m'a semblé passer du

3o de décembre au 3o d'avril, en me reportant à notre climat.

Je me suis rendu à *Lecce*, chef-lieu de la terre d'Otrante, ville riche et bien habitée; mais je l'ai quittée aussitôt pour aller à *Otrante*. Je croyois cette ville charmante; c'est bien la plus laide et la moins habitable qu'on puisse imaginer. Je n'y ai trouvé d'ailleurs que quelques inscriptions et une mosaïque dans laquelle *Alexandre* et le *Roi Arthur* sont en aussi bonne compagnie que Roland à Brindisi.

Je n'ai point suivi le rivage pour voir le prétendu temple des Nymphes dont on a tant parlé, et qui n'est qu'une grotte ordinaire. J'ai été à *Tarente* directement par *Gallipoli* et *Manduria;* j'y ai passé trois jours pleins dans le palais de M. l'archevêque, qui avoit écrit de m'y recevoir et de m'y bien traiter; ses ordres ont été pleinement suivis. Je n'ai point trouvé de monumens, mais j'ai vu une terre classique, et j'ai fait connoissance avec les meilleurs poissons et les coquillages les plus délicieux du monde.

Mon voyage à *Métaponte* n'a pas été aussi agréable : il faut passer à cheval dans un pays désert. J'ai heureusement été adressé à un fermier qui m'a reçu dans une *maceria* où l'on pourroit perdre tout-à-fait l'envie

de manger, tant ce qu'on m'y a offert étoit
dégoûtant et mal - propre : enfin j'ai vu le
temple de Métaponte, qu'on appelle, je ne sais
pourquoi, *la Tavola dei Paladini :* il en
reste cinq colonnes d'un côté et dix de
l'autre. J'ai pris le plan et les mesures du
tout. Ces colonnes sont d'un travertin tout-
à-fait semblable à celui qui a servi à édifier
les temples de Pæstum, et c'est absolument
le même style et le même ordre.

J'avois suivi la côte de l'Adriatique, du
golfe de Tarente et de la mer Ionienne. J'ai
voulu revenir par la montagne; c'est un pays
aride, grisâtre, peu civilisé, en le compa-
rant à la côte. J'ai visité ainsi, en couchant
quelquefois, à cause des distances, dans des
lieux affreux, *Girifalco, Matera, Alta-
mura, Gravina,* et je me suis enfoncé dans
la *Basilicata* pour visiter *Venosa,* patrie
d'Horace, qui est aujourd'hui hors de toute
communication, et le lieu le plus maussade
du monde.

J'ai les copies et les dessins de tous les
monumens qui y sont encore; j'ai corrigé
les inscriptions qui sont citées dans l'*Iter
Venusinum,* et je me suis convaincu que
son estimable auteur a cru inutile d'examiner
les originaux. Voyez ce que je dis, dans ma
Dissertation sur les Tombeaux de Pom-

peï (1), de la belle inscription relative à une troupe de gladiateurs. J'ai le dessin des tombeaux de Guiscard et d'Alderade : le prétendu tombeau de leur fille, qui a été cité par plusieurs auteurs, n'est qu'un morceau de corniche, encastré dans un mur, et qui n'a jamais été creusé. Les Venousiens m'ont beaucoup vanté leur vin qui est très-médiocre, et leur amour pour leur compatriote Horace, dont ils m'ont fait voir le prétendu buste dans la place publique; c'est celui d'un jurisconsulte de l'avant-dernier siécle. Quant à la colonne qui le supporte, elle est, il est vrai, de brêche africaine, mais on y a attaché une chaîne de fer, et on y expose les criminels qui ont été condamnés, à ce qu'on appelle en Italie la *Berline*, c'est-à-dire, le *Carcan*. Horace ne s'étoit point attendu à être jamais témoin de pareilles exécutions.

J'ai fait un détour pour voir *Melfi*, et je me suis trouvé si tard sur la rive, dangereuse alors, de l'*Ofanto*, que j'y ai craint le sort des Romains; je me suis arrêté dans une chaumière de berger. J'ai passé l'*Ofanto*, avant le jour, au clair de lune; à huit heures, j'étois à Foggia; au lieu de me reposer, comme on m'y invitoit, j'ai mis des

(1) Pag. 20.

chevaux de postes à une caratelle, et j'ai été à
Manfredonia. M. le syndic, prétendant qu'il
étoit trop tard , vouloit obligeamment me
retenir; mais il a cédé à mes instances, pour
avoir des mulets; j'ai gravi le *Gargano*, et,
au commencement de la nuit , j'ai été rendu
à *Monte Sant Angiolo.* Les Capucins m'ont
donné des lits, et un souper que j'ai trouvé
excellent; je n'avois mangé depuis quarante-
huit heures que quatre œufs. J'ai bien vu
la très-curieuse basilique qui a été creusée
dans la montagne, et je rapporte des dessins
fidèles de la curieuse porte de bronze qui
a été si mal dessinée dans les Mémoires sur
Bénévent, de l'illustre cardinal Borgia ; vous
en pourrez juger. J'ai aussi d'autres monumens. Lorsque j'ai été près de *Manfredonia,*
j'ai envoyé mon dessinateur en avant ; et,
pendant que je copiois quelques inscriptions,
il m'a fait un joli dessin de la charmante
église que Mainfroi a consacrée à *Notre-
Dame de la Victoire ,* et qui est bâtie sur
l'antique *Basilique de Siponte* qui existe
encore. De retour à Foggia, j'ai pris un
curricolo pour aller plus vîte, parce que je
devois reprendre la route que j'avois déja
suivie, et je suis arrivé à Naples en un jour
et demi, au lieu de trois qu'on employe
avec les voitures ordinaires. Il restoit encore
trois jours du Carnaval, ils m'ont suffi pour

en faire la comparaison avec celui de Rome, dont j'ai publié la description (1).

Après vous avoir donné un aperçu de mes courses dans les différentes provinces du royaume de Naples, il ne me reste plus qu'à vous rendre compte de ce que j'ai fait dans la capitale.

Lorsque je commençai mon voyage, mon premier but étoit de voir une contrée justement célèbre, et de contenter ma curiosité. La protection dont le Ministre a bien voulu m'honorer, les encouragemens qu'il m'a donnés m'ont imposé d'autres devoirs; je me suis engagé à publier un *nouveau Voyage*, ouvrage qui, je crois, manque encore, quoique l'Italie ait été le sujet de tant d'écrits.

Prétendre faire mieux que les autres seroit s'imposer une grande tâche, aussi n'ai-je pas ce ridicule orgueil; mais je pense qu'on peut, avec plus de peines, de soins et de dépenses, faire plus que les autres; ne pouvant compter sur mes talens, j'ai cherché à y suppléer par un peu d'activité.

Un homme qui a l'honneur d'appartenir à l'Institut ne doit pas écrire seulement pour étendre ou abréger ce que les autres ont dit, quoiqu'il ne puisse s'empêcher, surtout

(1) *Mag. Encyclop.*, ann. 1812, t. 2, p. 241.

dans un voyage qu'il désire rendre complet, autant qu'il est permis de le présumer, d'employer les recherches et les observations de ses devanciers. Celui qui se livre spécialement à un genre de connoissance a encore un autre devoir à remplir, c'est de faire avancer la science qu'il cultive, ou du moins de recueillir des matériaux pour ceux qui s'y adonnent comme lui. Il pourra alors espérer de leur part quelque estime, et un peu de reconnoissance. C'est dans cette intention que, depuis mon départ, je n'ai cessé de rassembler des notices pour ma relation générale et des matériaux pour ceux qui s'occupent des différentes branches de l'histoire des arts et des antiquités.

J'ai pensé que plusieurs voyageurs avoient vu, l'un sur les traces de l'autre, ce qui se trouve sur les routes de la Poste et des *Vetturini*. J'ai cru qu'une description de la grande Grèce, après l'avoir visitée dans toutes ses parties, donneroit à mon voyage un caractère de nouveauté ; c'est pourquoi j'ai visité tout le royaume de Naples avec intérêt et persévérance. Je viens de vous faire part de mes recherches.

On m'avoit dit à Rome que quinze jours suffiroient pour voir Naples ; et c'est en effet le temps que lui donnent la plupart des étrangers, même en allant à Pæstum. Après une visite à Pompeï, au Vésuve, et au cap Misène, ils croyent souvent avoir tout vu. J'ai été frappé de la quantité d'objets curieux et intéressans que contiennent encore, malgré les fureurs de 1799, ses Eglises et ses Musées, et j'ai aussitôt formé et exécuté le projet de faire dessiner tout ce qui me paroîtroit inconnu, et mériter d'être publié. Je n'ai point consulté la foiblesse de mes ressources; je me suis convaincu plus d'une fois qu'une volonté forte donne des moyens pour tout.

J'ai déja exposé les difficultés que j'ai éprouvées, la manière dont elles ont été surmontées, et la peine que j'ai eue à trouver des artistes qui fussent propres à remplir mes intentions; je donnerai un aperçu de ce qu'ils ont fait pour moi.

J'ai fait dessiner en grand, et d'une manière à bien faire sentir tous les détails, les statues et les bas-reliefs du Musée des *Studi*, aujourd'hui le Musée royal, qui sont encore inédits; cinq grandes mosaïques qui n'ont point été données parmi les *Pavimenti*, ouvrage dont S. M. le Roi a bien voulu me faire présent. Ces mosaïques sont en couleur, et les cubes sont figurés comme ceux de la mosaïque d'Italica, dont nous devons la connoissance au zèle infatigable de notre confrère M. le Comte de Laborde.

La galerie des vases est composée de cinq chambres dans lesquelles ils sont rangés : j'en ai fait dessiner quarante-sept tous choisis, à cause de la beauté de la peinture, de la nouveauté des sujets, de la singularité des détails, etc.; je n'ai négligé que ceux qui n'offrent rien de nouveau.

J'ai des copies figurées de treize belles inscriptions grecques, et de plusieurs autres qui sont latines.

Le Musée de S. M. la Reine se compose de différens objets qui sont le produit de fouilles qui se suivent encore; il possède aussi plusieurs centaines de vases qui viennent des fouilles, ou dont S. M. a fait l'acquisition. J'ai fait dessiner les bronzes, les terres cuites qui offrent quelque curiosité. Parmi les bronzes, il y a un casque qui a été trouvé à Locres ; il porte une inscription en très-anciens caractères grecs.

J'ai choisi dans le Musée cent dix-sept vases dont je rapporte les dessins. Je n'ai rien laissé, je crois, qui méritât une attention particulière. S. M. a eu la bonté de me faire montrer toutes ses pierres gravées; parmi une énorme quantité, je n'en ai trouvé qu'une qui me parût mériter d'être dessinée.

Après avoir terminé les dessins des vases du Musée royal et de celui de S. M. la Reine, j'ai fait copier tous ceux qui étoient dans des collections particulières. Ces cabinets divers m'ont offert quatre-vingt-treize pièces dont j'ai les dessins. Tous mes dessins ont été calqués et exécutés avec le plus grand soin ; je ne parle que des vases, car le calque est impossible pour les autres monumens. Je n'ai point voulu faire arranger les mains, les pieds, les cheveux à la manière de Tischbein ; les traits sont de la plus grande fidélité.

J'ai vu, en visitant les édifices et les lieux publics, que l'Ecole Napolitaine ne nous étoit connue que par l'Histoire de Dominici, le Mémoire de Hackert, et l'Extrait que le célèbre abbé Lanzi a fait de ces ouvrages dans son Histoire générale de la Peinture en Italie. Les tableaux de Ribeira, de Luca Giordano, de Solimene ont été gravés, mais nous ne connoissons point en France leurs devanciers. J'ai été frappé de la beauté des fresques du Zingaro (Andrea Solaro) qui décorent le cloître de *S. Severino*, aujourd'hui *l'école de marine* où on les détruit chaque jour. Je les ai fait dessiner, en vingt-deux grandes feuilles. Chacun de ces vingt-deux sujets est véritablement remarquable pour la variété des têtes et la beauté de leur caractère, pour la composition et l'immensité des détails qu'offrent les édifices et les paysages. J'y ai ajouté le dessin du cloître entier au milieu duquel s'élève le bel arbre qu'on prétend avoir été planté au temps de S. Benoît, ce qui prouve au moins sa respectable antiquité.

J'ai observé des peintures à fresque plus anciennes que les précédentes, et plus remarquables aussi pour la naïveté des détails, et la singularité des sujets; elles sont dans l'église de *S. Giovani à Carbonara*: on y voit différentes scènes de la vie des Pères du désert, représentée dans six grands compartimens; les principales actions de la vie de la Vierge, et Dieu au milieu de Myriades d'Anges, d'Archanges, de Chérubins, de Vertus, de Saints, etc. J'y ai découvert le nom de l'auteur qui n'est cité, je crois, dans aucune relation; il se nomme *Bisuccio da Milano*. Je n'ai point trouvé son nom dans la table de l'abbé Lanzi, ni dans l'*Abecedario*. J'ai fait dessiner ces onze grands cadres avec le même soin que les précédens.

Toute la chapelle de l'Incoronata a été peinte par Giotto. Malheureusement les peintures de la nef et du chœur ont été retouchées; mais il reste dans la tribune du chœur une voûte qui n'a point été altérée; elle est partagée en huit sections; ces peintures ne représentent pas, comme on le lit dans toutes les descriptions de Naples, le couronnement de la reine Jeanne, mais les

sept Sacremens et un autre sujet. Cette église
étoit destinée à devenir l'écurie de la poste ;
j'ai eu bien de la peine à en avoir l'accès pour
moi et pour mon dessinateur. Enfin je rapporte d'excellens dessins de ces belles peintures; vous savez combien les ouvrages de
Giotto sont rares aujourd'hui.

J'ai joint à ces dessins celui du célèbre
tableau de S. Jérôme qui tire une épine du
pied d'un lion, par Colantonio di Fiore,
une Descente de Croix d'Andrea di Salerno,
la Peste de Naples par le Spadaro. Je pense
que ces dessins, joints à ceux que l'on a
des ouvrages du Calabrese et des artistes
que j'ai cités suffiront pour donner une
idée de l'école Napolitaine à ceux qui ne
peuvent voyager.

Il en est de la sculpture comme de la
peinture : Naples a eu d'excellents artistes
qui ne nous sont connus que de nom. Je
citerai particulièrement Jean de Nola. Je
rapporte des dessins très-bien faits de l'arc
d'Alfonse au Château neuf; du célèbre et magnifique tombeau de Pierre de Tolède, figuré
en huit feuilles avec un soin infini ; de la
fontaine de Sainte Lucie, ouvrage que les
Napolitains auroient dû imiter, car il n'y
a pas à Naples une autre fontaine dont
la composition soit supportable. J'ai le dessin d'une superbe sculpture du Donatello,

et enfin plusieurs autres ouvrages de ce
genre, et ceux de quelques sarcophages
antiques que j'ai trouvés dans les églises; il
y en a un dans la chapelle de Sangri à
Santa Chiara qui est admirable. J'oubliois,
parmi les antiques, trois superbes bas-reliefs
que j'ai fait dessiner au palais Francavilla, et
un très-beau vase de marbre qui appartient
à M. le prince Belvedere.

Je dois citer, parmi les ouvrages modernes,
les calques que j'ai fait prendre, de vi-
gnettes exécutées à la plume sur un manuscrit du Dante : on en ignore l'auteur; mais
ce manuscrit est regardé comme un des
plus anciens. Il y a beaucoup d'esprit dans
la composition de ces dessins. On pourra
les comparer avec ceux qui ont été gravés
depuis Maso Finiguerra jusqu'à M. Flaxmann.

On n'a jamais songé à recueillir les tombeaux des Rois qui sont à Naples. M. Da-
niele a publié ceux de Palerme; j'ai donné
ceux qui étoient à Aix en Provence; j'ai
fait dessiner ceux que j'ai trouvés dans les
provinces du royaume de Naples; j'y ai
joint tous ceux de la race Angevine qui sont
dans la capitale. On est étonné de l'immensité
des détails de ceux de Ladislas, de Carraciolo,
de Robert que j'ai dans mes porte-feuilles.
Ces tombeaux, ceux des princes et des grands

de la même époque, que j'ai recueillis, sont dessinés à la plume avec un soin extrême. Les inscriptions sont fidèlement représentées; et, crainte d'erreur, à cause de la petitesse des caractères, j'en ai des copies séparées. On est surpris du goût qu'on remarque dans ces sculptures; elles peuvent servir pour l'histoire de l'art en même temps qu'elles sont également intéressantes pour l'histoire de Naples et pour celle de France.

On a prétendu qu'il n'y avoit point de peintures dans les catacombes de Naples; je les ai visitées plusieurs fois, et je rapporte les dessins de vingt-une peintures qui y sont encore, mais que la fumée des torches aura bientôt fait disparoître. J'ai aussi un dessin de l'intérieur des catacombes.

Je ne parle pas de plusieurs objets qui n'entrent pas dans ces divisions, tels que les monumens de bronze et de marbre qui décorent la chambre à coucher de S. M. la Reine. La table de nuit, le lavabo, etc., sont des autels antiques; les têtes de bronze qui décorent les montans du lit sont des bustes antiques; la cheminée est une frise antique où sont les douze principales Divinités; le pavé et les tables sont des mosaïques antiques, et les petites statues qu'on a placées dessus sont également le produit de l'art des anciens : j'ai les dessins de tout; j'ai aussi ceux d'une centaine de médailles que je crois inédites.

Enfin je n'ai pas voulu rapporter ces caricatures *à la tempera*, qu'on vend sous le nom de *costumes napolitains*. J'ai fait dessiner à l'aquarelle, en couleurs, quelques scènes qui font connoître les costumes et les mœurs du pays.

Voilà, mes chers Confrères, tout ce que j'ai recueilli à Naples ; vous devez penser que mon bonheur sera de communiquer le fruit de mes recherches à ceux de vous qui voudront en faire usage.

J'ai dû songer aussi à la partie descriptive de mon voyage, et j'ai pour cela rassemblé toutes les notions qu'un examen attentif et la conversation m'ont pu faire acquérir; j'ai pensé que je devois me procurer les ouvrages de ceux qui, ayant passé leur vie à composer l'histoire d'une ville, la description d'un monastère, etc., doivent en savoir davantage qu'un voyageur qui ne fait qu'y passer. J'ai formé une nombreuse collection d'histoires particulières et de dissertations spéciales. J'ai marqué d'une étoile, dans la *Bibliotteca storica e topografica del regno di Napoli* de M. Giustiniani, tous les ouvrages que je possède. J'en ai aussi beau-

5

coup qui lui étoient inconnus, ou qui ont paru depuis vingt ans que son livre a été publié.

Il ne me reste plus qu'à vous faire connoître les recherches et les travaux dont j'ai été occupé à *Rome*, où je revins le 15 d'avril. Quoique je n'aye pas été un moment oisif, mon récit sera moins long que celui de mes autres voyages. Vous connoissez Rome, ou vous en avez lu des descriptions; ainsi je ne puis vous conduire avec moi dans tous les lieux qui méritent d'être observés; mon itinéraire sera donc extrêmement court.

Mon séjour à Rome avoit pour objet de rechercher quelques objets qui eussent échappé aux recherches des savans antiquaires que cette superbe ville a vu naître ou qui l'ont visitée.

J'ai donné beaucoup de temps, relativement à celui que je pouvois employer, à voir le Vatican et ses beaux établissemens. J'ai fait dessiner très-peu de monumens dans la Bibliothéque; mais l'examen attentif des Musées Pio Clémentin et Chiaramonte, et des magasins du Vatican, m'a fourni l'occasion d'y faire dessiner cent quatre-vingts monumens, qui ne sont pas du mérite de ceux que notre savant Confrère M. Visconti a décrits dans son ouvrage immortel, mais qui ont tous plus ou moins d'importance : il n'y en a pas qui ne présente quelque particularité.

J'ai fait le même travail dans les palais et chez les amateurs, et j'y ai recueilli encore une centaine de monumens inédits. Je ne me suis pas contenté de faire dessiner ces monumens, j'ai commencé à les faire graver; j'en ai déja cinquante planches, et je compte qu'à mon retour à Paris, tout sera terminé; le temps s'écoule, la mort approche, et, pour ne point laisser perdre le fruit de mes recherches, je dois me hâter.

Je ne me suis pas contenté d'épuiser, autant que je l'ai pu, les monumens antiques grecs ou romains qui enrichissent les Musées et qui décorent les palais et les *ville*, j'ai aussi porté mon attention sur les monumens chrétiens qui sont plus imminemment menacés de la destruction. Je n'ai point fait dessiner ceux qu'on trouve dans les ouvrages de Ciampini, de Boldetti, de Bottari, et dans quelques écrits particuliers, quoique Ciampini surtout les ait très-mal représentés; mais j'ai reproduit quelques-uns de ceux qui sont gravés dans l'ouvrage du respectable M. Dagincourt. Il les a donnés d'après une échelle qui convient à son plan ; mon but a été d'attirer l'attention du gouvernement sur les monumens qu'ils représentent. Ces dessins sont faits avec la plus grande fidélité ; la couleur des marbres et des émaux y est imitée, ainsi que celle de l'or ; je ne regretterai point mes soins et ce que ces dessins m'ont coûté, s'ils produisent l'effet que j'en espère. Cette recherche m'a fait trouver encore, dans des sacristies, des monumens et des ustensiles chrétiens très-curieux, tels que la chape de Léon III, qu'on prétend que ce Pape portoit quand il a sacré Charlemagne, le pluviale de Sylvestre II, etc., etc.

Il y a au Musée Pio Clémentin une magnifique mosaïque qui a été trouvée à Otricoli ; elle représente vingt-cinq scènes de tragédie. J'ai fait dessiner en couleur chaque compartiment, parce que, à l'exception d'une peinture d'Herculanum, c'est le seul monument que je connoisse où on voye des comédiens avec leur costume colorié : chaque cube est figuré, et les dessins sont de la plus scrupuleuse exactitude.

J'aurois voulu faire dessiner ainsi la célèbre mosaïque de Palestrine dont on n'a aucune représentation fidèle. Les couleurs

sont appliquées au hasard dans le dessin
que M. de Caylus a publié. J'ai un grand
intérêt à avoir ce dessin, parce que j'ai pré-
paré depuis longtemps un Mémoire sur les
objets d'histoire naturelle qui y sont représentés.

On s'est beaucoup occupé des monumens de Rome antique, mais moins de
ceux de Rome dans le moyen âge. Ils sont
cependant aussi d'un grand intérêt. M. Ma-
rini, dans ses savans ouvrages sur les Ar-
chiatres et sur le Gymnase romain, a fait
voir combien on en peut tirer parti pour
l'histoire littéraire. Je rapporte un recueil précieux et unique d'inscriptions depuis le cinquième siécle jusqu'à l'année
1450. Les tombes plates et les figures qui
accompagnent ces inscriptions ont été des-
sinées.

Je rapporte encore les copies figurées de
toutes les inscriptions du corridor *delle La-
pidi*, de la Bibliothéque du Vatican, de
l'église S. Paul, et enfin un grand nombre
d'autres. Je regarde cette collection comme
un véritable trésor lapidaire.

Tout ceci, mes chers Confrères, est pour
la partie érudite de mon voyage; j'ai dû
songer aussi à la partie descriptive. J'ai recueilli un grand nombre de gravures qui,

jointes à mes notes, me rendront plus présent ce que j'aurai vu, et des livres topographiques où je trouverai des détails, qu'une visite de quelques heures n'a pu me procurer.

Je ne me suis point contenté de voir la ville en détail; j'ai aussi parcouru ce qu'on appelle la *Campagne de Rome*, d'*Ostie* à *Corneto* et jusqu'à *Subiaco*. J'ai rapporté de Corneto une imitation fidèle des peintures qu'on y voit encore. Je crois que mes dessins sont les seuls qui puissent mettre véritablement en état d'en former un jugement.

Si vous me demandez, mes chers Confrères, ce que je compte faire de tous ces matériaux, je répondrai que c'est pour moi un devoir de publier ma relation, et je l'accomplirai, si j'en ai le temps. Quant au reste, tout sera mis sous vos yeux dans des séances où je rappellerai verbalement ce que j'ai dit dans mes longues Lettres, et je solliciterai vos conseils.

Je suis parti de Rome le 14 de juin, et je me suis rendu à *Ronciglione* sur la route de Viterbe. J'ai fait une excursion au château de *Caprarole*, et une autre à *Sutri* qui possède un amphithéâtre bien conservé, une église souterraine, à trois nefs, taillée dans le roc, d'un temps fort ancien, et plusieurs curiosités. J'ai repris ensuite la route de Rome par Ancone, et je me suis arrêté à *Civita Castellana* pour aller le lendemain visiter l'antique *Falerie*. J'ai passé deux jours à *Spoleto*, et de là j'ai quitté à *Foligno* cette route pour suivre celle qui conduit à Florence par Perugia. J'ai visité *Assise*, ses anciennes peintures et son beau temple : j'ai passé trois jours à *Perugia*, et j'ai fait le fatigant et ennuyeux voyage de *Gubbio*, seulement pour voir les célèbres Tables Eugubines. *Cortone* a ensuite fixé mon attention. J'ai vu ses Musées, et j'ai rapporté des dessins de quelques vases peints inédits que possède M. le Prevost Venuti. J'ai également vu tout ce qu'*Arrezzo* peut offrir de curieux ; j'ai le dessin d'un sarcophage antique et la copie de quelques inscriptions singulières.

Florence est connu de tous, par l'activité que les savans toscans ont mise à publier ses monumens. Après les avoir étudiés, pendant un mois, j'ai fait le tour de la Toscane par *Prato* et *Pistoja* où je me suis arrêté un jour; j'ai vu ensuite tout le beau pays de *Luques*, quelques charmantes maisons de campagne, les bains et la ville. J'ai employé quatre jours à *Pise*, deux à *Livourne*, une demi-journée à *San Miniato*, et une semaine à *Volterra* où j'ai fait dessiner vingt-six urnes étrusques qui représentent des faits curieux de la Mythologie ou de l'Histoire héroïque. J'ai pris la route par *Colle;* et, après un séjour nécessaire pour bien voir *Sienne,* je suis retourné à Florence.

J'ai employé quelques journées à préparer mon départ, et je me suis rendu à *Bologne* où j'ai passé cinq jours. J'ai emporté les dessins de sept patères qui ne sont pas aussi belles que la patère Cospienne, mais qui ne manquent pas d'intérêt; et, après un jour donné à *Ferrare,* je suis arrivé à Padoue où j'en ai passé sept. J'ai été après à *Venise,* où ma première visite a été celle de notre savant et respectable confrère Monsieur l'abbé Morelli, qui m'a comblé de bontés.

J'ai eu le chagrin de ne point trouver à Venise M. Cicognara. Le savant abbé Mauro Boni a été pour moi plein d'obligeance. Pendant un mois que j'ai passé à Venise, je n'ai point discontinué mes travaux et mes recherches. J'ai visité la riche bibliothéque de S. Marc, la belle collection des Nani; j'ai fait dessiner quelques monumens qui ont été négligés sur la place de Saint Marc, ou qui sont inscrustés dans les murs de l'église. J'ai rapporté les dessins de plusieurs bas-reliefs très-curieux du Musée Grimani, ceux de vases énormes de sardonyx, de crystal ou de verre du trésor de Saint Marc où il est très-difficile de pénétrer. La plupart des vases ont des inscriptions arabes; j'ai aussi pris le dessin de la coupe de turquoise dont Montfaucon a seulement donné la description.

Il y a quelques heures de navigation pour aller de Venise à *Torcello*, petite île où est une antique collégiale qu'on regarde comme le berceau de l'église vénitienne. Sa construction est en effet singulière, les volets qui ferment les fenêtres sont d'énormes pierres d'un seul bloc, et il y a dans l'intérieur des monumens curieux; on y remarque principalement une mosaïque qui est couverte d'un nombre immense de figures; c'est un véritable poème sacré, à cause de la multiplicité des allégories et des symboles. Le Père Costaguti en a donné une notice dans le recueil de Calogera. J'ai fait dessiner cette énorme fresque dans une proportion

5 *

qui ne laisse rien à désirer pour la fidélité des détails.

J'ai quitté avec regret Venise, cette ville charmante et malheureuse, où les mœurs étoient si piquantes à observer, et qui laisse de si nobles et si intéressans souvenirs ; mais, malgré le bruit des armes, je n'ai pas repris la route de France. J'ai passé le Tagliamento, illustré par la valeur française. J'ai été à *Udine* où étoit mon ami M. Méjan chez qui j'ai passé trois jours; cette ville a quelques édifices singuliers : de là j'ai visité *Aquileja* dont Bertoli a fait connoître à peu près tous les monumens. J'étois à notre ligne de défense; le canon grondoit de toute part; il étoit impossible d'aller plus loin. J'ai repris ma route par *Palma* où tout présentoit l'image d'une vigoureuse résistance, le chemin d'Udine et celui de Venise. Après avoir visité *Trevise*, je fus encore passer quelques heures à Venise pour revoir mes amis, et j'ai repris la route de Padoue. J'ai rapporté, de cette ville et de Venise, une grande quantité de livres et de gravures utiles pour la rédaction de mon voyage, et intéressans pour mes études.

J'ai encore visité *Bassano*, *Vicence*, *Vérone*, *Mantoue* et *Brescia*, et j'ai séjourné

à *Milan* qui étoit alors menacé d'une pro-
chaine invasion. La terreur régnoit partout,
les Musées, les Cabinets étoient inaccessibles.
J'ai cru devoir reprendre la route de Paris,
et attendre un temps plus heureux pour visiter la *Lombardie* et l'*Etat Génois*.

www.ingramcontent.com/pod-product-compliance
Lightning Source LLC
LaVergne TN
LVHW022013080426
835513LV00009B/708